AF235990

Das alte Ägypten für Kinder

Die Geschichte Ägyptens anschaulich, spannend und kindgerecht erzählt– Alles über ägyptische Mythologie, Mumien, Pyramiden und co. kinderleicht verstehen.

Franziska Lauterbach

INHALT

1. Kommst du mit ins alte Ägypten?

Hallo und herzlich willkommen! Hier bist du richtig, denn bei uns dreht sich jetzt alles um das alte Ägypten.

Wo liegt Ägypten? Wie lebten die Menschen im alten Ägypten? Womit haben die Kinder gespielt und welche Pflichten hatten sie? Wie hoch ist die höchste Pyramide der Welt? Warum gab es Grabräuber? Wo liegt das Tal der Könige und welche berühmten Pharaonen liegen dort begraben?

Keine Sorge: Allen diesen Fragen werden wir uns jetzt widmen und auch gemeinsam beantworten. Timi und Peti werden dir dafür tatkräftig zur Seite stehen und viele deiner Fragen beantworten. Beide sind sehr neugierig und wollen einfach alles wissen. Komm mit auf eine interessante und spannende Reise zurück ins alte Ägypten. Bist du dabei? Klasse! Dann viel Spaß und „bai bai", das bedeutet „Tschüss" im heutigen Ägypten!

2. Das Alte Ägypten – Was?

„Timi! Immer liest du nur und willst gar nicht mit mir spielen", jammert Peti. „Dann erzähl mir wenigstens, was du da liest."

„Ich lese gerade ein Buch über das alte Ägypten. Darin steht alles über die Pyramiden, Pharaonen, unvorstellbare Schätze und Mumien", sagt Timi und sieht Peti an. „Das ist superspannend. Soll ich dir davon erzählen? Es regnet doch eh gerade, da will ich nicht raus."

So sicher ist sich Peti nicht, doch er nickt schließlich.

Timi strahlt und beginnt zu erzählen:

„Also: Das alte Ägypten liegt immer noch da, wo auch das heutige, moderne Ägypten liegt; nämlich im Norden von Afrika. Die Geschichte des alten Ägyptens beginnt vor ca. 7000 Jahren, also 4500 Jahre v. Chr. Damals, zu Beginn des alten Ägyptens, waren die Menschen Nomaden. Das bedeutet, sie hatten kein festes Haus oder eine feste Wohnung, in der sie lebten, sondern sie zogen umher. Sie hatte nur das Nötigste zum Leben dabei. Ganz besonders wichtig war die Suche nach Wasser zum Trinken. Das ist in Ägypten nicht so einfach, denn auch heute noch sind nur 4 % des Landes fruchtbarer Boden, um dort etwas anzubauen. Der Rest des Landes ist Wüste.

Ganz besonders wichtig war der Nil. Das ist der längste Fluss der Welt. Er wird auch die Lebensader Ägyptens genannt, weil er die Bewohner mit allem versorgte, was diese zum Überleben brauchten. Die Nomadenstämme ließen sich am Nilufer nieder und begannen, sesshaft zu werden. Weil so viele verschiedene Stämme aufeinandertrafen, gab es auch so unterschiedliche Ideen, wie etwas gebaut, gejagt oder gemacht werden sollte. Die Menschen begannen, am Ufer Getreide und Gemüse anzubauen und Tiere zu halten. Der Nil sorgte dafür, dass die Ernten so gut gediehen.

Einmal im Jahr trat der Nil über seine Ufer und flutete alle Felder. Darüber freuten sich die Ägypter immer sehr, denn wenn das Wasser wieder zurückfloss, hinterließ der Nil einen schwarzen Schlamm, der sehr gut düngte. Wegen dieses schwarzen Schlammes wurde das Land von den alten Ägyptern auch „Kemet – Das schwarze Land" genannt. Aber die alten Ägypter betrieben auch Handel mit anderen Völkern. Holz, Metalle und Halbedelsteine waren beliebt und begehrt. Im Gegenzug tauschten die alten Ägypter Getreide, Leinen und Papyrus; ein Gras, das am Ufer wuchs.

Später begannen die Ägypter auch, die Sterne zu beobachten, einen Kalender auszurechen und sie dachten viel über ihre Götter nach, denn die alten Ägypter verehrten sehr viele Götter. Das nennt man Polytheismus. Sie glaubten fest daran, dass die Götter alles Leben auf der Welt bestimmten und lenkten."

„Aber warum das denn?", fragt Peti und runzelt die Stirn.

„Naja", antwortet Timi, „Die alten Ägypter hatten noch kein Internet, dass ihnen das Wetter vorhersagen konnte oder ihnen erklärte, warum es Tag und Nacht gibt. Wenn es zum Beispiel ein sehr lautes Gewitter gab, dachten die Ägypter, die Götter würden sie bestrafen. Der oberste Gott war Re. Er war der Sonnengott und der Gott aller Götter. Du erkennst ihn an seinem Falkenkopf und der roten Scheibe darauf."

„Ein Falke als Kopf?", Peti lacht. „Das ist ja lustig."

„Ja. Die Ägypter stellten ihre Götter häufig als Tiere oder als Halbwesen dar. Aber auch Gegenstände, Pflanzen, Fabelwesen oder Menschen konnten als Götter dargestellt werden. Re wurde mit einem Falkenkopf dargestellt, weil der Falke ein wichtiges Tier war, der durch die Luft flog. Über ihm kam nur noch die Sonne. Deshalb auch die rote Scheibe auf seinem Kopf. Re gilt auch als Schöpfer der Welt, denn ohne seine Sonnenstrahlen gäbe es kein Leben. Ein weiterer wichtiger Gott war Osiris. Osiris war der Gott des Jenseits."

Verwundert blinzelt Peti. „Des Jenseits? Was soll das denn sein?", fragt er verwundert.

Tim lächelt. „Die alten Ägypter glaubten an ein Leben nach dem Tod. Starb ein Mensch, wurde er begraben und dafür gebetet, dass er in das Jenseits kommt. Ich werde darauf nachher noch einmal ausführlicher eingehen, denn bei den Pharaonen war das sehr spannend. Auf jeden Fall haben die alten Ägypter geglaubt, dass Osiris zusammen mit seinem Totengericht, das aus 42 Göttern bestand, darüber entschied, ob jemand in das Jenseits weiterziehen durfte oder nicht. Dafür wurde das Herz des Menschen gegen eine

Feder auf einer Waage gewogen. Sagte der Mensch die Wahrheit, blieb die Waage im Gleichgewicht und er oder sie durfte ins Jenseits übergehen. Doch wurde gelogen, war die Seele des Menschen für immer verloren."

„Das klingt ja gruselig", sagte Peti, „wie aufregend!"

„Ja", sagt Timi, „Neben Osiris und Re gab es noch eine Vielzahl anderer Götter. Osiris hatte auch einen Sohn, Horus. Er wird auch Königsgott genannt. Neben dem normalen Namen der Pharaonen trugen diese nämlich noch einen Horus-Namen. Lange Zeit war es auch der einzige Name, den die Pharaonen benutzten, denn die alten Ägypter glaubten, dass der Pharao ein Gott auf Erden sei. Horus war der Himmelsgott und wurde ebenfalls als Falke dargestellt. Seine Flügel waren der Wind und seine Augen Sonne und Mond. Die alten Ägypter glaubten deshalb, dass der Pharao Horus auf der Erde sei. Isis war die Ehefrau von Osiris und die Mutter von Horus. Sie galt als Beschützerin der Mütter und hatte magische Kräfte. Dann gab es da noch Amun. Er war der Gott des Windes und wurde mit blauer Haut und einer Federkrone darstellt. Er war auch der Stadtgott von Theben, einer mächtigen Stadt im alten Ägypten.

Im Neuen Reich verschmolz Amun mit Re und sie wurden eins: Amun-Re. Er war auch der Beschützer der Armen und sorgte für Gerechtigkeit und Gesundheit. Und der letzte Gott, den ich dir vorstelle, ist Anubis. Du erkennst ihn an seinem Schakal-Gesicht, das ein bisschen aussah wie ein Hund. Er war der Gott der Mumifizierung und der Friedhöfe. Seine Aufgabe war es, die Balsamierung zu betreuen und schützend über die Toten zu wachen." Peti blickt Timi an.

„Wow! Du weißt aber viel über die Götter. Aber wie war das mit den Pharaonen? Ab wann gab es welche und wie regierten sie?"

„Das ist eine lange Geschichte. Das könnte jetzt etwas langweilig rüberkommen. Soll ich trotzdem weitererzählen?"

„Ja", rief Peti. „Bitte!"

„Das alte Ägypten war in ein Unter- und ein Oberägypten eingeteilt; es gab also zwei Königreiche. Dann kam ein Pharao, der das Land einte. Es ist nicht sicher, ob dieser Pharao Narmer oder Menes hieß. Vielleicht war es auch die gleiche Person, aber sicher ist, dass er wohl so um 3000 v. Chr. lebte. Die Zeitrechnung des alte Ägyptens ist ein bisschen kompliziert. Anfangs zählten die Ägypter ihre Jahre nach dem Herrscher ihres Landes. Man sagte, es ist das zweite

Jahr, in dem Pharao Menes Herrscher ist, zum Beispiel. Doch das konnte zu Problemen führen und zu Ungenauigkeiten. Erst 300 Jahre vor unserer Zeitrechnung begann der ägyptische Priester Manetho, anders zu rechnen. Er teilte alle Pharaonen in 31 Dynastien auf. Dynastien sind Familien, die über mehrere Generationen herrschen. Danach sortierte er diese zu den drei großen Epochen und Unterepochen des Alten Ägyptens. Stell dir vor: Diese Rechnung benutzen wir auch heute noch."

„Das klingt auf jeden Fall einfacher, aber auch ganz schön kompliziert. Was genau sind denn die Epochen des alten Ägyptens und was sind Unterepochen?", sagt Peti und guckt Timi fragend an.

„Das ist ganz einfach, Peti", sagt Timi. „Das Alte Ägypten lässt sich in drei große Zeiten einteilen. Das Alte Reich, das Mittlere Reich und das Neue Reich. Zwischen jedem Reich kam eine Unterepoche oder auch Zwischenzeit genannt. In diesen Zeiten kämpften die Ägypter gegeneinander oder das Land wurde kurzzeitig von einem anderen Land besetzt und beherrscht. Aber nach jeder Zwischenzeit kam auch eine Hochzeit, in der es den Ägyptern wieder richtig gut ging. Soweit alles klar?"

Peti nickt.

„Im Alten Reich, das von 3100 bis 2668 v. Chr. ging, verfügten die Ägypter über große Reichtümer. Das Land war bereits geeint, wie du dich sicher erinnerst. Somit gab es keine Kämpfe mehr im Land. Die erste Pyramide wurde auch in dieser Zeit gebaut. Dann folgte eine Zwischenzeit bis 2055 v. Chr. Danach kam das Mittlere Reich, dass bis in die 1770 v. Chr. ging. Sprache, Literatur und neue Reichtümer blühten auf. Leider folgte auch wieder eine Zwischenzeit bis 1550 v. Chr. Das folgende Neue Reich war das Zeitalter der Ägypter. Es ist die Epoche, über die du sicherlich auch bereits am meisten weißt. Viele berühmte Pharaonen regierten zu dieser Zeit. Das Land war auf dem Höhepunkt seiner Macht. Leider folgte daraufhin die dritte und letzte Zwischenzeit, auf die die Spätzeit kam. Die Spätzeit ging bis 332 v. Chr.; dann kam Alexander der Große und eroberte Ägypten. Über Alexander den Großen kann ich dir später noch mehr erzählen. Der General Alexanders Ptolemaios und seine Nachkommen regierten das Land für fast 300 Jahre. Weißt du, wer als letzter Ägypten regierte?"

„Mmh ... ich glaube, das war eine Frau. Kleopatra?", fragte Peti.

„Ja", ruft Timi begeistert. „Kleopatra VII. war die letzte Pharaonin des Alten Ägyptens. Sie starb 30 v.

Chr. Sie ist im Übrigen auch eine Nachfahrin von Ptolemaios, was ihren makedonischen Namen erklärt. Ptolemaios kam nämlich aus Makedonien. Aber das ist eine andere Geschichte. Nachdem Kleopatra gestorben war, wurde das Alte Ägypten von den Römern besetzt und von diesen regiert."

Peti staunt. „Die Ägypter gab es also echt ganz lange! Über 3000 Jahre. Das ist echt cool."

„Ja", freut sich Timi, „die Ägypter gelten als Gründer des ersten Nationalstaates, wie wir ihn heute kennen. Die damalige Hauptstadt des alten Ägyptens war Memphis; heute ist es Kairo."

3. Oh! Eine Pyramide

„Jetzt will ich was über die Pyramide erfahren",
sagt Peti. „Die sind so riesig und ich frage mich
immer, wie die gebaut wurde."

„Die Pyramiden sind auch ein superspannendes
Thema", lacht Timi. „Kannst du dich denn noch erinnern, wann die ersten gebaut wurden?"

„Mmh ... das war auf jeden Fall im Alten Reich",
überlegt Peti.

„Genau! Du kannst in Sakkara die älteste Pyramide der Welt betrachten. Diese Pyramide unterschei-
det sich von allen anderen Pyramiden, denn es ist eine

Stufenpyramide. Sie wurde für Pharao Djoser, der bis 2648 v. Chr. regierte, erbaut, denn die Pharaonen nutzen die Pyramiden als Gräber. Die Gräber der früheren ägyptischen Pharaonen lagen unter der Erde und über der Erde wurde eine Mastaba errichtet. Das ist ein normales Haus aus Lehm, welches über dem Grab aufgestellt wurde. Der Unterschied zur ersten Pyramide liegt darin, dass die Pyramide aus Stein gebaut wurde und damit viel besser gegen das Wetter ausgerichtet war als eine Mastaba."

Peti guckt sich unterdessen im Internet ein Foto von der Pyramide an. „Die sieht ja echt aus wie eine Treppe", wundert er sich. „Waren die Pyramiden nicht glatt?"

„Ja", antwortet Timi. „Der ägyptische Pharao Snofru ließ in seiner Regierungszeit gleich drei Pyramiden bauen. Er lebte bis ca. 2620 v. Chr. und ließ zuerst die Pyramide von Meidum errichten. Diese ist heute allerdings nur noch eine Ruine. Die Pyramide stürzte wahrscheinlich bereits in der Antike ein, weil ein Erdbeben die Region erschütterte. Auch die zweite Pyramide von Snofru war nicht von Erfolg gekrönt", kichert Tim. „Mitten im Bau sackte sie ein gutes Stück zusammen, weil der Untergrund nicht richtig gewählt wurde. Deshalb musste umgeplant werden und jetzt sieht es so aus, als hätte die Pyramide einen Knick. Erst die dritte Pyramide war dann von Erfolg gekrönt. In der Nähe seiner Knickpyramide ließ er eine neue errichten, die Rote Pyramide. Ihre farbigen Steine geben ihr den Namen. Sie gilt als die vermeintlich erste Pyramide der Welt."

„Wow. Der König war aber sehr ehrgeizig; gleich drei Pyramiden", Peti staunt, „und das, obwohl eine Pyramide zu bauen sicher sehr aufwendig war, stimmt's?"

„Du hast recht, Peti. Wie wir bei der Knickpyramide gesehen haben, muss der Untergrund sehr gut gewählt werden, denn sonst passiert es, dass die Pyramide im Wüstensand einsackt. Außerdem waren die Steine, aus denen die Pyramide gebaut wurde, sehr schwer. Ein Steinblock konnte zwischen zwei und sechs Tonnen wiegen. Das ist so schwer wie ein Elefant."

„Wie haben die Ägypter das denn geschafft?", grübelt Peti, „Maschinen gab es doch noch nicht."

„Stimmt", sagt Timi. „Maschinen oder Kräne hatten die Ägypter nicht. Das wurde alles nur durch Muskelkraft bewältigt. Die Pyramiden wurden am Westufer oder in der Nähe des Nils gebaut, denn die Steine wurden auf dem Wasserweg transportiert. Das war leichter und ging schneller als auf dem Land. An jeder Pyramidenbaustelle wurde ein Hafen angelegt, um die Steine zu entladen. Anschließend wurden die Steine auf einen hölzernen Schlitten gewuchtet und mit vielen Männern zur Pyramide gezogen. Bevor der Stein dann zu seinem Platz gebracht wurde, musste er von Steinmetzen bearbeitet werden. Danach wurde er wieder auf den Schlitten gehoben und an seinen Platz gebracht. Forscher vermuten, dass um die Pyramide herum eine Rampe aus Steinchen geschüttet wurde, die wie eine Spirale um die Pyramide ging. Dadurch war es leichter, den Stein zu seinem Platz zu schieben."

Peti lauscht gespannt mit aufgerissenen Augen. „Was für eine Anstrengung das gewesen sein muss! Wer hat denn die Pyramiden gebaut? Waren das Sklaven?"

„Nein", Timi schüttelt den Kopf. „Das ist ein Irrtum, der weitverbreitet ist. Es waren gut bezahlte Handwerker, die sogar freinehmen konnten. Kannst du dir vorstellen, warum die Pyramide so aussieht, wie sie aussieht?"

Peti überlegt. „Du meinst, wieso sie eine Spitze hat und zum Boden hin immer breiter wird?" Timi nickt. „Vielleicht, weil die Form sehr stabil ist und wir ja gesehen haben, was alles passieren kann, wenn der

Untergrund nicht passt. Was könnte dann alles passieren, wenn die Pyramide nicht sicher steht."

„Das stimmt auf jeden Fall", antwortet Timi. „Die Form war sehr stabil. Der breite Sockel, auf dem die Pyramide stand, bildetet ein sicheres Fundament. Man vermutet auch, dass die Pyramide an Sonnenstrahlen erinnern sollte; schließlich war Re, der Sonnengott, der höchste aller ägyptischen Götter. Archäologen fanden in Pyramiden auch das Totenbuch. Es ist eine Art Anleitung für den Verstorbenen, damit dieser böse Geister verjagen kann. In diesem wird die Pyramide als Himmelstreppe beschrieben, um möglichst nah bei den Göttern zu sein. Auch dafür eignet sich eine hohe Form, die auf sicherem Grund steht."

3.1 DIE PYRAMIDE VON GIZEH

„Möchtest du etwas über die vielleicht berühmteste Pyramide erfahren?" Peti nickt. „Hast du schon einmal von den Pyramiden von Gizeh gehört?"

„Ja", sagt Peti freudestrahlend. „Die gehören zu den sieben Weltwundern der Antike."

„Richtig!", freut sich Timi. „Die Pyramiden von Gizeh sind drei große und viele kleinere. Sie sind das einzige der sieben Weltwunder, das wir noch heute anschauen können, weil sie erhalten sind. Die Pyramiden sind auf einem 1000 × 2000 Meter großen Plateau errichtet worden. Der Pharao Cheops, der bis 2566 v. Chr. regierte, ließ die erste Pyramide, die Cheopspyramide, erbauen. Diese ist die größte der drei mit ca. 137 Meter Höhe. Ursprünglich war die Pyramide sogar noch höher, aber die Spitze ist leider abgebrochen. Allein in der Cheopspyramide sind über 2,3 Millionen Kalksteine verbaut, von denen jeder über 2,5 Tonnen wiegt. Der Bau dauerte über 20 Jahre und wenn du, Peti, die Pyramide einmal umrunden willst, musst du fast 900 Meter im Kreis laufen."

„Da machen wir mal ein Wettrennen, wenn wir uns die Pyramide in echt angucken. Ich würde gewinnen!", lacht Peti.

„Wahrscheinlich", sagt Timi leise. „Aber es gibt ja noch die beiden anderen. Die zweite der drei ist die Chephren-Pyramide und die dritte wurde vom Pharao Mykerinos erbaut und heißt Mykerinos-Pyramide. Sie ist auch die kleinste. Kein Pharao nach Cheops hat je eine größere Pyramide erbauen lassen. Bis ins Mittelalter hinein war es auch das höchste Bauwerk der Welt, doch dann begannen die Menschen, Kathedralen, also sehr hohe Kirchen, zu bauen und damit wurde die Cheopspyramide von ihrem Thron gestoßen."

3.2. WAS SIND DENN HIEROGLYPHEN?

„Boah, das waren jetzt echt viele Informationen über Pyramiden. Aber ich will unbedingt wissen, wie es innen aussah", sagt Peti. „Da muss es doch spannende Sachen gegeben haben, oder etwa nicht?"

„Klar", sagt Timi. „Nicht nur in den Gräbern innerhalb der Pyramide, aber auch in Tempeln wurden bei Ausgrabungen Wandmalereien, Inschriften oder Tontafeln mit Schrift darauf gefunden. Die Forscher haben lange gebraucht, um diese Schrift, die Hieroglyphen genannt wird, zu entschlüsseln."

„Aber warum denn?", wundert sich Peti. Er hat die Hieroglyphen schon einmal gesehen. Es sind lauter Bilder. „Steht denn nicht ein Bild für ein Wort?", fragt er Timi.

„Nein, aber das dachten die Forscher am Anfang auch. Das stimmt aber nicht. Erst als 1799, während eines Feldzuges von Napoleon, ein Stein gefunden wurde, gelang der Durchbruch. Der Stein heißt Stein von Rosette oder auch Rosettastein."

„Aber was hat denn ein Stein mit den Hieroglyphen zu tun?", fragt Peti verwundert.

„Auf dem Stein ist ein Text eingeritzt, und zwar in drei Sprachen. Einmal in Hieroglyphen, dann noch in Demotisch, das ist eine Art Schreibschrift, die sehr viel einfacher war als Hieroglyphen-Schrift, und zu guter Letzt auch in Griechisch. Griechisch können viele Forscher lesen und somit konnte der Franzose Jean-François Champollion die ersten Hieroglyphen entschlüsseln. Aber selbst danach war es sehr kompliziert, denn es gibt über 1000 Zeichen und die Ägypter schrieben teilweise von links nach rechts, von oben nach unten oder von rechts nach links. Heutzutage kennt man alle Schriftzeichen, aber das Besondere ist, dass die Hieroglyphen eine Bild- und eine Lautsprache sind. In der Bilderschrift ist ein Bild auch ein Wort, aber gesprochen ist ein Bild nur ein Laut, eine Silbe. Die Ägypter schrieben meistens auf Tonscherben, denn dort konnte man die Schrift immer wieder abwaschen. Nur für offizielle Angelegenheiten wurde auf Papyrus geschrieben."

„Das habe ich schon mal gehört", ruft Peti aufgeregt. „Das ist eine Art Papier, richtig?"

„Stimmt. Papyrus wuchs am Ufer des Nils. Daher kommt auch unser heutiges Wort Papier. Die Herstellung von Papyrusblättern zum Schreiben war sehr aufwendig und kostbar, deshalb war es den Reichen und dem Pharao vorbehalten."

„Im Internet gibt es ein paar einfache Hierogly-phen-Alphabete. Wollen wir nicht nachher versuchen, Mama und Papa Rätsel zu stellen, und sie müssen dieses lösen?" Peti ist schon ganz aufgeregt.

4. Der Pharao

„**D**u hast mir jetzt erzählt, dass die Pyramide das Grab des Pharaos war", sagt Peti. „Aber was macht so ein Pharao eigentlich?"

Timi nickt. „Der Pharao war der König der Ägypter. Das Wort Pharao kommt von dem ägyptischen Wort „per-a'a", was so viel bedeutet wie „großes Haus". Damit war der Palast des Pharaos gemeint. Das Volk sprach den Pharao nämlich nie mit seinem richtigen Namen an, denn sie glaubten, dass dieser ein Gott wäre, der auf der Welt lebt und übernatürliche Kräfte hätte. Der Pharao regelte alles. Er war der oberste Befehlshaber des Militärs, er kümmerte sich um den

Handel und um die Wirtschaft. Der engste Berater des Pharaos war der Wesir. Seine Aufgabe war es, sich um die Steuern zu kümmern und mit dem Pharao neue Gesetze zu beschließen. Die Steuern wurden in Getreidesäcken errichtet, denn Geld gab es noch nicht.

Der Pharao lebte in einem Palast. Dieser war so groß wie eine kleine Stadt. Ungewöhnlich ist es daher, dass die Gebäude nur aus Lehmziegeln erbaut wurden. Nur die Decken und die Türen waren aus Stein, denn die Räume waren sehr groß und benötigten dementsprechend Halt. Die Wände und Decken wurden kunstvoll verziert. Der pompöseste Raum war der Thronsaal. Dort empfing der Pharao Menschen aus anderen Ländern, die Handel betreiben wollten oder die vom Pharao unterworfen worden waren, also im Kampf besiegt wurden. Neben dem Pharao saß immer seine erste Frau, die auch Hauptfrau genannt wurde, denn ein Pharao konnte mehrere Frauen haben.

Die Abgesandten hatten immer Geschenke für den Pharao dabei. Das waren selbst gemachte Handwerke wie Teppiche, aber auch Tiere und Schmuck. Der Handel war sehr wichtig für das alte Ägypten. Obwohl das Land durch den Nil viele Lebensmittel anbauen konnte, gab es ein paar Rohstoffe, wie Holz, die das Land nicht hatte, aber benötigte. Aber auch Tierfelle und Edelsteine, die für Schmuck gebraucht wurden, kamen aus dem Ausland. Mit vielen dieser Länder betrieb der Pharao Handel und bezahlte die Händler mit Gold. Doch einige der Handelswaren mussten die besiegten Länder als Tribut an den Pharao abgeben.

Die Menschen glaubten auch, dass der Pharao mit den Göttern sprechen konnte, da er selbst ein Gott war. Deshalb dachten die alten Ägypter, dass der Pharao nach seinem Tod zu seinen Vorfahren in das göttliche Reich zurückkehrt, um im Jenseits für immer über alle Menschen zu herrschen. Den Pharao erkannte man daran, dass er die Insignien des Königs trug."

„Was sind denn Insignien?", will Peti wissen.

„Das sind die Erkennungszeichen des Pharaos. Bestimmt Gegenstände, die nur er trägt. Bei den alten Ägyptern waren das Krummstab und Geißel. Sie symbolisierten Einfluss und Würde. Der Krummstab sollte an den Stab eines Hirten erinnern. Mit ihm lenkte der Pharao sein Volk. Die Geißel soll dazu dagewesen sein, um fiese Geister zu vertreiben. Sie war ein kleiner Holzstock, an dem drei längliche, platte Stiele befestigt waren. Beim Bewegen und Aufeinanderschlagen ergaben sich Geräusche.

Eine weitere Insigne war zwar kein Gegenstand, aber trotzdem sehr bekannt. Der sogenannte

Königsbart war ein künstlicher Bart, der mit einem Band hinter den Ohren festgebunden wurde. Auch die späteren Mumien hatten diesen Bart. Dann gab es noch das Nemes. Das ist ein Tuch, dass der Pharao auf seinem Kopf trug. Die Stirn wurde vom Tuch bedeckt, ebenso die Ohren und es wurde im Nacken verknotet. Auf Bildern sieht man, dass das Nemes oft blau-gold dargestellt wird. Auch seine Krone, die berühmte Doppelkrone, konnte der Pharao mit dem Kopftuch tragen. Die Doppelkrone symbolisierte die Herrschaft über Ober- und Unterägypten. Wie du dich sicher erinnern kannst, war Ägypten einmal geteilt gewesen.

Die Kleidung eines Pharaos aber war dieselbe wie die eines normalen Bürgers. Die Männer trugen grundsätzlich nur einen Schurz um die Hüfte."

4.1. HUCH – EINE MUMIE!

Nachdenklich überlegt Peti. „Der Pharao hatte anscheinend ganz schön viel zu tun. Aber warum wissen wir eigentlich so viel darüber?"

„Eine gute Frage, Peti. Zum einen fand man, wie bereits erwähnt, die Hieroglyphen in Wandmalereien, aber für die Ägypter hatte das Leben nach dem Tod eine sehr wichtige Bedeutung. Deshalb ließen die früheren Herrscher sich auch rechtzeitig eine große Pyramide errichten, um ein großes und geschütztes Grab zu haben. Doch das reichte nicht. Die Ägypter glaubten, dass auch der Körper im Jenseits wichtig war, denn nur im Körper könnten die Seele und die Lebenskraft wieder zusammenfinden. Deshalb wurden die Pharaonen und auch andere reiche Menschen, die das Geld hatten, mumifiziert."

„Eine Mumie!" Peti springt auf. „Das ist ja aufregend."

„In Wirklichkeit war das ein langwieriger Prozess, bei dem ganz genau gearbeitet werden musste. Der Prozess der Mumifizierung dauerte 70 Tage. Zuerst musste der Leichnam gewaschen werden. Dafür wurde er sehr schnell nach seinem Tod zum Nil gebracht, um dort in einem Reinigungszentrum sauber gemacht zu werden. Dann kam der Leichnam in eine Balsamierungshalle. Der Balsamierer entnahm nun die Organe des Toten. Das Herz, die Leber, die Lunge, der Magen und der Darm wurden in Natronsalz eingelegt. Dadurch wurde den Organen das Wasser entzogen."

„Sie verschrumpelten also?", lacht Peti.

„Ja, das kannst du sagen", bestätigt Timi. „So wurden die Organe haltbar gemacht. Das ist ein bisschen wie Apfelchips. Wenn die Äpfel noch frisch sind, dann

verderben sie schneller und wir müssen sie schnell essen. Aber wenn Mama abends Apfelchips macht, dann
halten die länger, weil sie getrocknet sind. Genauso so
ist das mit den Organen.

Auch das Gehirn wurde dem Menschen entnom-
men, denn die Ägypter dachten, dass der Mensch mit
dem Herzen denkt. Deshalb setzte der Balsamierer das
Herz wieder in den Körper, während alle anderen Organe in Kanopen verstaut wurden."

„Was sind denn jetzt Kanopen?", will Peti wissen.

„Das sind einfach nur Gefäße, die zur Aufbewah-
rung dienen", klärt Timi auf. „Nachdem das Herz wieder im Körper verstaut worden war, wurde der ganze
Körper für 40 Tage in Natronsalz eingelegt, damit auch
der Körper keine Flüssigkeiten mehr aufwies und kom-
plett austrocknete. Anschließend wurde der Körper
mit gut riechenden Harzen eingerieben, um diesen so
zu schützen. Zum Schluss wurde der Oberkörper aus-
gestopft, damit er seine normale Form beibehält. Durch
das Austrocknen fiel der Oberkörper nämlich in sich
zusammen und durch Sägespäne oder Stoff sollte das
behoben werden. Danach wickelte man die Leiche in
Leimstreifen ein."

Verblüfft schüttelt Peti den Kopf. „Was für ein großer Aufwand. Und dann kamen die Mumien in die Pyramide?"

„Das kommt darauf an", sagt Timi. „Die Pharaonen des Alten Reiches lagen in Pyramiden, ja, allerdings wurden dann irgendwann keine Pyramiden mehr gebaut."

„Warum das denn? Die sind doch toll und auch groß genug für Gräber", wundert sich Peti.

„Ja, das stimmt schon", gibt Timi zu, „aber häufig wurden die Gräber der Pharaonen sofort ausgeraubt, nachdem diese dort abgelegt wurden."

„Ausgeraubt? Wer macht denn so was und wieso?", fragt Peti entsetzt.

„Grabräuber verschafften sich Zugang zu den Gräbern und plünderten diese dann aus. Als Archäologen im 18. Jahrhundert begannen, die Pyramiden auch von innen zu untersuchen, fand man nur leere Gräber vor, denn nicht nur ihren Leichnam benötigten die Ägypter nach dem Tod im Jenseits. Dem Verstorbenen wurde auch Essen, Möbel, Kleidung oder Bücher mit ins Grab gelegt, aber auch viel Gold, Edelsteine und Schmuck. All das lagerte in der Vorkammer, dahinter kam die Grabkammer. Dort lag der Sarkophag, der bei manchen Pharaonen bis zu neun Schichten aufwies. Zuerst kam eine normale Holzkiste, die auch die eckige Kastenform aufwies. Diese wurde von einer weiteren eingeschlossen. Erst drei bis vier Schichten später kamen die eigentlichen Särge. Diese waren in der typischen Form des alten Ägyptens, dass bedeutet, sie zeigten das Abbild des Verstorbenen und hatten die Form eines liegenden Menschen. Der Sarg war sehr prunkvoll gestaltet und mit Gold verziert."

„Na, kein Wunder, dass die Grabräuber das alles klauten. Wenn da so viele Reichtümer lagern", sagt Peti und zuckt mit den Achseln. „Da mussten die alten Ägypter sich wohl etwas Besseres einfallen lassen."

„Das taten sie dann auch", stimmt Timi und nickt. „Obwohl das auch eher nur halb stimmt, denn auch zu den neuen Gräber verschafften sich Grabräuber Zutritt."

„Ja, okay. Aber was war die Idee der Pharaonen, sich besser zu schützen?", fragt Peti neugierig.

„Im Zeitalter des Neuen Reiches begannen die Pharaonen, ihre Gräber nicht mehr in Pyramiden anzulegen, sondern in einem Berg. Nahe der Stadt Theben erhebt sich ein solcher Berg, der sogar wie eine Pyramide geformt ist. Die Pharaonen ließen ihre Grabkammer einfach in die Felswand schlagen. Dadurch erhofften sie sich, dass die steilen Felswände und die sehr trockene Wüste herum die Grabräuber abschrecken würden. Dieses Tal, in dem von Archäologen bereits über 60 Gräber gefunden wurden, wird auch das Tal der Könige genannt."

„Stimmt", jetzt erinnert sich Peti, „den Namen habe ich schon mal gehört. Wusstest du Timi, dass im Tal der Könige nur sehr eingeschränkt bis gar nicht fotografiert werden darf? Außerdem dürfen nur ein paar Gräber besichtigt werden, damit alle so gut es geht erhalten bleiben."

„Nein, wusste ich noch nicht. Aber ein Gang in das Ägyptische Museum in Kairo lohnt sich auch sehr, denn dort werden die Schätze eines ganz besonderen Grabes ausgestellt."

„Aber ich dachte, alle Gräber sind ausgeraubt worden", sagt Peti verwundert.

Timi lacht. „Dieses nicht, Peti. Warte es mal ab."

4.2. WER WAREN BERÜHMTE PHARAONEN?

„Hast du Lust, ein paar berühmte Pharaonen kennenzulernen?", fragt Timi.

„Absolut!" Peti ist ganz neugierig.

Timi strahlt. „Also Djoser hast du bereits kennengelernt. Er hat die erste Pyramide bauen lassen – die Stufenpyramide. Auch Pharao Cheops kennst du durch die Cheopspyramide. Dann gab es noch Pepi II."

Peti lacht. „Der hat ja fast den gleichen Namen wie ich."

„Ja", grinst Timi. „Aber da musst du dich anstrengen. Forscher gehen davon aus, dass Pepi II. fast 100 Jahre alt wurde. Ein unvorstellbares Alter zu der Zeit. Er kam bereits sehr jung an die Macht und regierte bis zu seinem Tod. Alle seine Kinder und Enkelkinder waren bereits gestorben, als er starb. Dadurch gab es nach seiner Herrschaft keinen Nachfolger mehr und es begann die erste Zwischenzeit. Im Mittleren Reich gab es den Pharao Amenemhat I., der den Gott Amun ins Zentrum der Götter rückte. Später wurde Amun, wie bereits gesagt, mit dem Sonnengott Re zusammengetan. Aber Amenemhat I. hat noch etwas anderes getan, das ihn berühmt werden ließ: Er klaute Steine, um sich seine eigene Pyramide zu bauen. Ist das zu fassen?"

„Wie gemein!" Empört schüttelt Peti den Kopf.

„Im Neuen Reich gab es die berühmtesten Pharaonen. Eine davon ist Hatschepsut, die Frau des Pharaos Thutmosis II. Nach dessen Tod sollte der Sohn Thutmosis II. Thutmosis III. und Hatschepsuts Stiefsohn Pharao werden, doch dieser war erst sieben Jahre alt. Bevor er also Pharao wurde, herrschte Hatschepsut, als wahrscheinlich erste Pharaonin. Sie wurde sehr berühmt. Auf vielen Bildern wird sie mit den Königsinsignien dargestellt, wie dem Königsbart, und sieht damit aus wie ein Mann. Als dann allerdings Thutmosis III. nach ihrem Tod an die Macht kam, versuchte er, diese zu vergessen, und begann, ihren Namen aus allen Gebäuden und Schriften zu streichen. Forscher gehen davon aus, dass die beiden sich nicht mochten."

„Das ist aber schade", sagte Peti betrübt. „So eine berühmte Frau und dann ist fast nichts da, um etwas über sie zu erfahren."

„Aber man muss auch anerkennen, dass Thutmosis III. einer der siegreichsten Pharaonen war. Seine Feldzüge waren immer erfolgreich. Ein weiterer wichtiger Pharao war Amenophis IV. Du kennst ihn vielleicht auch als Echnaton. Er veränderte die

Götterkultur völlig. Statt der vielen Götter betete er nur einen an und das war Aton, die Sonnenscheibe. Deshalb änderte er auch seinen Namen. Er ließ alle Tempel schließen und gründete eine neue Stadt, um seinen Palast dorthin zu verlegen. Die Stadt Achet-Aton. Die Frau von Echnaton kennst du sicherlich auch, Peti."

„Ja, das war Nofretete, richtig? Ihre Büste habe ich schon mal im Museum in Berlin gesehen."

„Das stimmt. Die steht im ägyptischen Museum in Berlin. Ihr Name bedeutet „die Schöne ist gekommen". Zusammen mit Echnaton hatte sie sechs Töchter. Allerdings ist sie nach Echnatons Tod ebenso aus den Aufzeichnungen verschwunden. Man weiß leider nicht, ob sie einfach starb oder vielleicht auch ermordet wurde.

Der letzte Pharao, den ich dir vorstellen möchte, ist Ramses II. Er war der mächtigste Pharao aller Zeiten. Er soll über 80 Kinder gehabt haben und regierte weit über 50 Jahre. Er sicherte Frieden und förderte das Land. Nie wieder erlangte das Reich Ägypten einen vergleichbaren Reichtum wie unter Ramses II. Seine Bauwerke sind die am besten erhaltenen in Ägypten. Deshalb hat er auch den Beinamen „Der Große" bekommen."

„Aber Moment mal", sagt Peti und überlegt. „Mir fällt noch ein anderer Pharao ein, der sehr bekannt ist. Das ist Tutanchamun. Warum erzählst du mir nichts über ihn?"

„Ich habe doch vorhin gesagt, dass es ein Grab gibt, dass nicht ausgeraubt wurde und dessen Schätze im ägyptischen Museum zu finden sind?"

„Ja, das hast du", stimmt Peti ihm zu und erinnert sich.

„Das ist das Grab von Tutanchamun. Seine Geschichte ist sehr spannend."

4.3. DAS GEHEIMNISVOLLE LEBEN DES TUTANCHAMUN

„Tutanchamun war der Sohn des Pharaos Echnaton. Seine Stiefmutter war Nofretete. Er ist berühmt geworden, weil der Archäologe Howard Carter im Jahre 1922 seine Grabkammer fand und diese nicht geplündert worden war. Im Grab befanden sich unvorstellbare Reichtümer. Diese Funde sind die wertvollsten des alten Ägyptens. Allein sein Sarg, Peti, bestand aus neun Schichten."

„Neun Schichten? Der war aber gut eingepackt." Peti grinst.

„Ja", Timi lacht zustimmend. „Zuerst war seine Mumie in eine Holzkiste gelegt worden, dann kam noch eine Kiste und dann drei Schreine. Dann kam der erste Sarg, der auch noch die typische Form eines Kastens hatte. Erst danach kam ein Sarg, der bereits die Form eines liegenden Menschen hatte und dieser war auch bereits mit Gold bedeckt. Es folgten ein zweiter und ein dritter Sarg. Beide waren sehr aufwendig mit Gold gestaltet. Im vierten Sarg lag dann die Mumie. Vielleicht hast du schon einmal Bilder von Tutanchamun gesehen. Auf vielen Bildern siehst du seine Totenmaske. Diese wurde der Mumie aufgesetzt, damit der tote Pharao im Jenseits erkannt wurde. Die Totenmaske von Tutanchamun ist 11 kg schwer und aus purem Gold. Es ist das wertvollste Kunstobjekt der Welt. Die Totenmaske bedeckte das gesamte Gesicht, den Kopf, seine Schultern und seine Brust. Das typische Königstuch aus den Insignien ist auch darauf abgebildet; ebenfalls aus Gold und Lapislazuli dargestellt. Seine Augen sind auch blau umrandet. Man fand sogar noch die Kanopen mit seinen Organen. Die standen in der Schatzkammer und im Vorraum fanden sich noch viel mehr Gegenstände, die dort abgelegt worden waren."

„Aber warum wurde das Grab denn nie geplündert? Das lag doch bestimmt auch im Tal der Könige, oder?"

„Stimmt, Peti. Tutanchamun war Pharao zur Zeit des Neuen Reiches. Damals wurden die Gräber bereits im Tal der Könige untergebracht. Allerdings starb Tutanchamun im Jahr 1323 v. Chr. als er erst 19 oder 20 Jahre alt war. Zu diesem Zeitpunkt war sein Grab noch nicht fertiggestellt und so legte man ihn in eine Grabkammer, die nicht für ihn gedacht gewesen war. Dadurch geriet sein Grab in Vergessenheit."

„Er starb bereits mit 19 oder 20 Jahren?" Peti reißt verwundert die Augen auf. „Dann war er sicher nicht lange Pharao, oder?"

„Tutanchamun bestieg nach dem Tod seines Vaters Echnaton, im Jahr 1335 v. Chr., den Thron. Damals war er erst acht oder neun Jahre alt. Da er noch so jung war, führte er keine Kriege oder ließ große, bedeutende Bauwerke bauen. Aber er bestimmte, dass die alten Ägypter wieder zu ihrem ursprünglichen Götterkult zurückkehrten und nicht mehr Aton verehrten, wie es sein Vater Echnaton anordnete. Dafür änderte er auch seinen Namen. Der Name, der ihm bei der Geburt gegeben worden war, war Tutanchaton, zu Ehren des Gottes Aton. Als der Götterkult wieder zu Amun zurückkehrte, nannte er sich Tutanchamun. Er war mit seiner Schwester oder Halbschwester Anchesenamun verheiratet. Man fand in der Grabkammer von Tutanchamun auch zwei mumifizierte Babys. Möglicherweise sind es die Kinder der beiden, die bei der Geburt starben."

„Aber woran starb er denn? Er war noch sehr jung", wundert sich Peti.

„Das ist so eine Sache", sagt Timi. „Als Howard Carter das Grab entdeckte, war die Leiche in einem sehr guten Zustand. Mit der heutigen Röntgentechnik konnte der junge Pharao richtig untersucht werden. Dabei fand man viele Verletzungen. Heutzutage sind sich die Experten aber trotzdem nicht sicher, ob Tutanchamun an einer Jagdverletzung starb oder ob er vielleicht sogar ermordet worden ist."

„Oh nein!", ruft Peti erschrocken. „Wie schrecklich!"

„Auch, wenn Tutanchamun während seiner Regierungszeit nicht so bedeutend war wie andere Pharaonen, so ist er es jetzt durch sein Grab und seine Reichtümer geworden."

5. Wie sah das Leben der Ägypter aus?

Peti lächelt zufrieden. „Was für eine spannende Geschichte, und was für ein interessanter Mensch doch dieser Tutanchamun war. Was mich jetzt noch interessieren würde, Timi: Wie lebten die Ägypter? Und was haben die Kinder den ganzen Tag gemacht?"

„Klar, gern. Am Anfang habe ich dir erzählt, dass die Ägypter sich am Nil niederließen, weil der Fluss die perfekte Lebensquelle bot. Auf dem Fluss konnte gefischt und das Wasser konnte getrunken werden. Außerdem diente der Schlamm des Nils, wie bereits gesagt, als Dünger für die Felder. Aber auf dem Wasser konnte auch gefahren werden. Der Fluss war also auch gleichzeitig die Straße. Die Menschen fuhren in Booten aus Schilf umher, das zahlreich am Ufer wuchs. Schilf war leicht und in ihm viel Luft, weshalb es das perfekte Material war, um Boote zu bauen. Die alten Ägypter unterteilten ihr Jahr in drei Jahreszeiten, die an den Nil angepasst waren. Die Überschwemmungszeit begann im Juli und endete im November. In dieser Zeit konnten die Menschen ihre Felder nicht bearbeiten. Einige arbeiteten stattdessen auch an den Pyramiden mit. Danach kam die Wachstumszeit. Der Dünger hatte sich auf die Pflanzen gelegt und alles gedieh. Die letzte Jahreszeit war die Erntezeit. Wenn die Arbeiter Glück hatten, gab es eine reiche Ernte, die die Familie wieder durch die erneut kommende Überschwemmungszeit brachte. Das Frühlingsfest Sham el Nessim wurde am Ende der Erntezeit gefeiert. Die Menschen färbten Eier und schrieben oder malten Wünsche darauf. Sie hofften, dass die Götter diese erfüllen würden. Heutzutage ist Sham el Nessim ein Nationalfeiertag in Ägypten."

„Aber woher wussten denn die Ägypter, dass sich eine neue Überschwemmungszeit nährte? Wie haben sie sich darauf vorbereitet?" Peti grübelt.

„Die Ägypter nutzen die Positionen der Sterne, um die Jahreszeiten zu bestimmen. Sie erfanden bereits einen Kalender, der wie der unsere 365 Tage hatte. Außerdem wurden die Felder sehr gut bewirtschaftet, sodass die Ernten auch reich ausfielen. Mit Wasserrädern, die von Ochsen gezogen wurden, und selbst angelegten Kanälen wurden die Felder mit Wasser vom Nil bewässert."

„Aber wurden die Häuser der Ägypter nicht auch immer mit überflutet während der Zeit der Überschwemmung?", erkundigt sich Peti.

„Nein, denn die alten Ägypter waren ein schlaues Volk. Sie erbauten ihre Hauser und Hütten auf erhöhten Stellen, damit die Flut diese nicht traf und zerstören konnte. Die Häuser waren größtenteils einstöckig, nur in den Städten gab es nicht so viel Platz, deshalb bauten die Menschen dort ihre Häuser in die Höhe. Teilweise hatten die Häuser zwei oder mehr Stockwerke. Wusstest du, dass der Nilschlamm nicht nur als Düngermittel dienen konnte, sondern auch als Baumaterial?"

„Nein", antwortete Peti, „das wusste ich nicht. Haben die Ägypter damit etwa ihre Hütten gebaut?"

„Ganz richtig. Die Ägypter formten den Nilschlamm zu Ziegeln und ließen diese dann in der Sonne trocknen. Dann konnten sie diese zum Bauen ihres Hauses verwenden. Allerdings hielten diese Ziegel aus Nilschlamm nicht gegen die Witterungsbedingungen an. Das haben wir bei den Mastabas gesehen, die vor den Pyramiden gebaut wurden. Von denen stehen viele nicht mehr, während die Steinpyramiden alles überdauerten und hielten."

Peti nickt. „Das erscheint mir logisch, ja. Was hatten denn die Ägypter alles in ihren Häusern?"

„So viele Einrichtungsgegenstände, wie wir sie heute haben, hatten die Ägypter nicht. Nur Reiche konnten sich auch teure und sehr aufwendig verzierte Möbel leisten. Die normalen und ärmeren Ägypter hatten meistens eine Truhe, wo die Klamotten lagerten. Auch ein Tisch war nicht unüblich. Manche hatten auch Stühle und Betten. Alle Häuser waren quadratisch gebaut und mit kleinen Fenstern versehen. Weil es so unvorstellbar heiß war, mussten die Fenster auch klein sein, damit die Hitze nicht ins Haus gelangte und es drinnen schön kühl bleibt. Das Dach des Hauses war flach und die Frauen nutzten es, um dort zu kochen. Oft wurde sich auch nur auf dem Dach aufgehalten und manchmal auch dort geschlafen."

„Auf dem Dach gekocht?", fragt Peti verwundert und lacht. „Hatten die denn gar keinen Herd?"

Timi lacht. „Nein, Peti. Elektrizität gab es noch nicht. Die Ägypter hatten also kein Licht, keinen Kühlschrank, keine Steckdosen, keinen Fernseher und auch keinen Herd. Gekocht wurde über dem Feuer in einem kleinen Ofen. Dafür waren die Frauen zuständig. Sie holten zwei- bis dreimal am Tag Wasser vom Nil, um die Tonkrüge zu füllen, denn es war sehr heiß. Aus dem Getreide, dass angebaut wurde, backten die Frauen Brot oder brauten Bier. Es gab auch viel Fisch aus dem Nil zu essen, aber auch angebautes Gemüse und Datteln. Mit dem angebauten Gemüse und Getreide betrieben die Ägypter auch Handel. Sie fuhren in größere Städte und verkauften es dort auf dem Markt. Geld gab es noch nicht. Zuerst tauschten die alten Ägypter mit Tieren, selbst gemachten Gegenständen oder Edelsteinen und Gold. Erst später kamen dann Kupfer- oder Silbermünzen hinzu. Auf dem Markt wurden auch Kuchen und Brote von Bäckern angeboten, die mit Datteln und Honig gesüßt waren. Die Ägypter sollen bis zu 17 verschiedene Arten von Brot und Kuchen gekannt haben."

Peti lacht. „Das klingt sehr lecker. Kuchen! Aber haben die Ägypter sich nur von Gemüse und Fisch ernährt. Gab es auch mal Fleisch?"

„Nun ja, die ärmeren Ägypter haben tatsächlich selten Fleisch gegessen. Nur die Reichen konnten es sich leisten Rinder- und Gänsefleisch zu essen. An Festtagen gab es auch mal Gazellen- oder Antilopenbraten."

„Igitt. Antilope", Peti schüttelt sich. „Und die Frauen waren für das Kochen und den Haushalt zuständig. Was haben dann die Männer gemacht?"

„Die Männer gingen ihrem Beruf nach. Viele waren Bauern und kümmerten sich um ihre Felder. Schließlich war das die Lebensgrundlage. Auf dem Feld zu arbeiten, war sehr anstrengend. Die meisten arbeiteten den ganzen Tag. Es gab kein Wochenende. Ständig musste geschaut werden, ob Heuschrecken oder Vögel die Pflanzen zerstörten. Auch konnte es passieren, dass Gewitter oder Stürme die Pflanzen umknickten und diese so nicht weiterwachsen konnten. Deshalb wurde auch während der Arbeit immer zu den Göttern gebetet, um zu hoffen, dass die Ernte gut gelang.

Peti, wusstest du, dass die Bauern bereits Pflüge kannten? Das ist ein Gerät, das zwischen zwei Ochsen gespannt wurde. Das Gerät grub Rillen in den Boden und in diese Rillen wurden dann die Samen geworfen und platt getrampelt. Wenn dann Erntezeit war, schnitten alle Männer des Dorfes mit Sicheln die Getreidehalme ab. Die Frauen und Kinder mussten dann auch mithelfen. Sie banden das Getreide zu Garben, kleine Bündel, zusammen und trennten die Körner vom Spreu. Es gab aber nicht nur Bauern. Viele gingen auch einem Handwerksberuf nach. Es gab Töpfer, Schreiner, Bootsbauer, Zimmermannsleute und Steinmetze. Einige waren auch Künstler, wie Maler, Bildhauer oder Goldschmiede."

„Da gab es ja doch eine recht große Auswahl. Ich finde Bootsbauer ziemlich cool", ruft Peti, aber Tim schüttelt den Kopf. „Das darfst du dir leider nicht aussuchen. Als Sohn wirst du den Familienbetrieb weiterführen müssen. Du musst das lernen, was Papa auch gelernt hat. Nur die Zweitgeborenen oder noch jüngeren Söhne konnten manchmal andere Berufe erlernen und wurden in anderen Betrieben ausgebildet. Die Mädchen durften keinen Beruf wählen. Sie haben von ihrer Mama beigebracht bekommen, wie sie einen Haushalt führen müssen, wie man kocht und putzt."

„Na gut", schmollt Peti. „Aber immerhin dauert das ja noch ein bisschen. Zuerst gehen wir in die Schule."

„Pustekuchen", lacht Timi. „Fast kein Kind ging in die Schule. Die meisten Ägypter konnten weder lesen noch schreiben oder rechnen. Nur Kinder, deren Vater ein Schreiber war, die erlernten auch diesen Beruf. Manchmal sogar auch die Töchter. Nur wer reich war und es sich leisten konnte, schickte seine Söhne auf eine Schreiberschule. Die Berufschancen, die sich daraus ergaben, waren sehr gut und wurden auch gut bezahlt. Die Jungen konnten Ärzte werden oder im Palast des Pharaos arbeiten. Aber die Schule war sehr hart. Die Lehrer schlugen die Kinder und waren sehr streng. Neben dem Schreiben, Lesen und Rechnen wurden die Jungen auch in Astronomie und Astrologie sowie Sport unterrichtet."

„Irgendwie ist das traurig", sagte Peti. „Wenn ich mir vorstelle, nicht lesen zu können. Ab und zu lese ich auch gern mal ein Buch. Was haben denn die Kinder in ihrer Freizeit gemacht?"

Timi überlegt kurz. „Eigentlich das, was wir auch spielen. Fangen, Bockspringen oder Tauziehen. Archäologen haben sogar Bälle aus Stoff gefunden, mit denen Fußball gespielt wurde. Die Mädchen haben mit

Holzpuppen, Kreisel oder Holztieren gespielt. Es gab auch ein Brettspiel, dass ein bisschen an Mensch-ärgere-dich-nicht oder Backgammon erinnert. Es hieß Senet und dabei musste man seine Steine über 30 Felder ziehen und den Gegner hinauswerfen, um am Ende Erster zu sein. So ein Spiel fand man sogar in der Grabkammer von Tutanchamun. Aber ich denke, dass viele auch einfach mit den anderen Kindern gespielt haben. Schließlich hatten die meisten Familien über 10 Kinder – da findet sich sicher ein Geschwisterkind, mit dem man spielen kann."

Peti lacht. „Das glaube ich auch."

„Leider hatten die Kinder nicht sehr lange Zeit, um zu spielen. Bereits sehr früh, mussten die Jungen ihren Beruf wählen, um arbeiten und mithelfen zu können. Die Mädchen heirateten bereits mit 12 Jahren; die Jungen erst mit ca. 14 Jahren."

Erschrocken reißt Peti die Augen auf. „So früh? Aber warum das denn?"

„Die Lebenserwartung der Ägypter lag bei nur 35 bis 40 Jahren. Eine Oma oder einen Opa hatten die wenigsten Kinder und wenn, dann nur kurz. Deshalb hatten die Ägypter auch so viele Kinder. Viele starben bereits früh oder im Kindesalter. Auch bei der Geburt eines Kindes konnte es passieren, dass die Frauen mit ihren Babys starben. Aber damit gesichert wurde, dass ein Sohn den Familienbetrieb übernimmt oder die Eltern im Alter gepflegt werden können, hatten die Ägypter viele Kinder."

„Gab es denn so viele Krankheiten?", erkundigt sich Peti.

„Eigentlich waren die Krankheiten ähnlich zu unseren heutigen Krankheiten. Bauchschmerzen, Halsweh, Husten oder Fieber. Einige Krankheiten wurden durch mangelnde Hygiene ausgelöst oder von Tieren auf den Menschen übertragen, zum Beispiel von Fliegen. Auch Schlangen- und Skorpionbisse konnten tödlich enden. Die Ärzte entwickelten viele Heiltinkturen gegen Krankheiten. Wenn jemand sich ein Bein oder einen Arm brach, schienten die Ägypter den Bruch. Oder wenn du dir mal wieder dein Knie aufschlägst, dann hätten die alten Ägypter deine Wunde mit Honig und Ölen behandelt. Hauptsächlich benutzen die Ärzte Pflanzen als Medizin. So sollte Knoblauch gegen Schlangenbisse, Halsschmerzen oder bei Verbrennungen helfen. Falls die Krankheit trotzdem ausbrach, dann beteten die Ärzte und Menschen zu den Göttern. Viele Ägypter trugen seit sie ein Baby waren Amulette um den Hals, um sich vor Gefahren und Krankheiten zu schützen."

„Ich weiß ja nicht, ob das wirklich hilft", zweifelt Peti. „Haben die Ägypter denn auch Spaß gehabt? Gab es Feste?"

„Oh ja! Weil die Ägypter so viel gearbeitet haben, genossen sie die Freizeit noch intensiver. Es gab das Erntedankfest, das ich schon angesprochen habe, aber auch zu Geburten und Hochzeiten wurde groß gefeiert. Dann gab es Feste zu Ehren der Götter. Zum Beispiel gab es ein Fest zu Ehren der Katzengöttin Bastet. Bastet war die Tochter von Re, dem Sonnengott. Auch, wenn Götterstatuen aus Tempeln zu einem anderen Tempel gebracht wurden, wurde das gefeiert. Die Menschen folgten der Statue in einer langen Kette. Dazu gab es Musik und Tanz.

Besonders die reichen Leute luden oft Freunde zu sich ein. Diener und Bedienstete reichten dann Speisen und Wein an. Es gab viele musikalische Darbietungen und Tänzer."

6. War das eine schöne Geschichte!

„Ich glaube", sagt Timi, „ich habe dir alles erzählt, was ich weiß. Jetzt sind wir einmal durch das ganze Ägypten gezogen. Wir haben über den Nil gesprochen und geklärt, warum er für das Land so wichtig war. Du weißt jetzt, wie die Ägypter lebten und arbeiteten. Wir haben zusammen die Pyramiden und Gräber kennengelernt. Außerdem kennst du jetzt die wichtigsten Pharaonen und den Pharao Tutanchamun."

„Ich weiß jetzt auch", ergänzt Peti, „was Hieroglyphen und Mumien sind und wie sie hergestellt wurden.

Das hat echt Spaß gemacht. Aber ich glaube, ich habe jetzt Lust draußen zu spielen. Wollen wir in den Garten, Timi?"

„Das ist eine gute Idee. Wenn es wieder regnet, kann ich dir eine andere Geschichte erzählen."

Literatur-
verzeichnis:

Baur, Manfred / Falk, Matthias: Rätselhafte Mumien/Glanz der Pharaonen, in: Was ist Was, Bd. 10, 2015.

Baur, Manfred: Das alte Ägypten/Pyramiden, in: Was ist Was, Bd. 40, 2016.

Mumien und Pyramiden, in: arsEdition GmbH (Hrsg.), München 2007.

Das alte Ägypten. Pyramiden, Pharaonen und Mumien, in: Ravensburger Buchverlag Otto Maier GmbH (Hrsg.), Ravensburg 2002.

Die Pharaonen. Insignien, in: Mein-Altägypten, URL: https://www.mein-altaegypten.de/Website/B-Pharaonen-Insignien.html, (letzter Aufruf: 27.07.2021).

Die Pharaonen. Geschichtlicher Abriß, in: Mein-Altägypten, URL: https://www.mein-altaegypten.de/Website/B-Pharaonen-Abriss.html#cheops, (letzter Aufruf: 27.07.2021).

Frühe Kulturen. Ägypten 3.100 v. Chr. – 30 v. Chr., in: Kinderzeitmaschine, URL: https://www.kinderzeitmaschine.de/fruehe-kulturen/aegypten/ereignisse/altes-reich/, (letzter Aufruf: 27.07.2021).

Gernhäuser, Susanne / Knappe, Joachim: Altes Ägypten: Wieso? Weshalb? Warum? Profiwissen, Jumbo Neue Medien & Verlag, 2016.

Kemling, Lene: Papyrus. In: planetwissen, 2020, URL: https://www.planet-wissen.de/geschichte/antike/hieroglyphen/pwiepapyrus100.html, (letzter Aufruf: 27.07.2021).

Quiz Ägypten. Geolino, in: moses. Verlag GmbH (Hrsg.), Kempen 2017.

Herstellung und Verlag:

BoD – Books on Demand, Norderstedt

ISBN: 9783755779254

1. Auflage

Kontakt: Psiana eCom UG/ Berumer Str. 44/ 26844 Jemgum

Covergestaltung: Fenna Larsson

Coverfoto: depositphotos.com